DE L'ÉTUDE

DE LA GÉOGRAPHIE

EN GÉNÉRAL

ET

DE LA GÉOGRAPHIE HISTORIQUE

EN PARTICULIER.

DE L'ÉTUDE

DE LA GÉOGRAPHIE

EN GÉNÉRAL

ET

DE LA GÉOGRAPHIE HISTORIQUE

EN PARTICULIER.

DISCOURS

PRONONCÉ A L'OUVERTURE DU COURS DE GÉOGRAPHIE.

DANS LA FACULTÉ DES LETTRES DE PARIS,

LE 30 DÉCEMBRE 1835,

PAR J. D. GUIGNIAUT,

DOCTEUR ET PROFESSEUR DANS CETTE FACULTÉ,
ANCIEN DIRECTEUR DE L'ÉCOLE NORMALE

PARIS.

IMPRIMERIE ET FONDERIE DE RIGNOUX ET Cⁱᵉ,

RUE DES FRANCS-BOURGEOIS-SAINT-MICHEL, 8.

1836.

DE L'ÉTUDE DE LA GÉOGRAPHIE EN GÉNÉRAL

ET

DE LA GÉOGRAPHIE HISTORIQUE EN PARTICULIER.

DISCOURS

Prononcé à l'ouverture du Cours de Géographie, dans la Faculté des Lettres de Paris, le 30 décembre 1835.

MESSIEURS,

En me présentant à cette chaire, où m'ont porté, il y a quatre mois, les suffrages de la Faculté des Lettres, où m'appelaient déjà, il y a neuf ans, les honorables votes du Conseil Académique, j'éprouve, avant tout, le besoin de m'expliquer avec netteté sur ma position, de vous exposer avec quelque étendue l'objet de ce cours, tel que je le conçois. Je ne suis point un géographe de profession, et mon nom, assez peu connu d'ailleurs, s'étonne, en quelque sorte, lui-même de succéder ici au nom d'un savant célèbre, dans la famille duquel la Géographie semblait, comme on l'a dit, être héréditaire, et qui avait trouvé, dans celui de ses fils dont la Faculté déplore la perte si tristement récente, son premier successeur. Une pensée me rassure toutefois, et m'enhardit à la tâche, aussi grave que délicate, qui pèse sur moi. Deux hommes, plus ou moins spéciaux, ont passé par cette chaire; ils y ont déployé des connaissances positives, plus ou moins riches, plus ou moins approfondies; ils y ont fait œuvre de géographes, pour l'antiquité et pour les temps modernes, cela est incontestable. Le dirai-je, pourtant, et la conscience publique absoudra-t-elle la sévérité de mes paroles en faveur de leur franchise? Il me semble que ce cours de Géographie, unique dans l'Université, n'a point porté jusqu'ici tous les fruits qu'on était en droit d'en attendre, pour le haut enseignement d'une science qui doit à notre pays tant de progrès. Est-ce la faute de la science, est-ce celle des hommes? il y aurait presque une égale témérité dans l'une ou l'autre assertion. Les hommes! Celui pour qui cette chaire fut fondée, M. Barbié du Bocage, s'honorait du titre d'élève de d'Anville; il fut le confrère de Gossellin, le collaborateur de l'abbé Barthélemy, du baron de Sainte-Croix. La science! Quelque vaste, quelque complexe, quelque indéterminée même qu'elle paraisse, au premier coup d'œil, elle se prête cependant, entre des mains habiles, à une exposition à la fois substantielle et intéressante. Malte-Brun l'a prouvé dans son *Précis*, le seul ouvrage vraiment classique, écrit sur la Géographie, dans notre langue, jusqu'à ces derniers temps; et tous les jours elle est professée avec succès, avec éclat, dans les Universités étrangères : qu'il me suffise de citer le nom, déjà connu chez nous, de Karl Ritter.

Le résultat de l'enseignement de la Géographie dans cette Faculté, Messieurs, où tous les enseignemens sont si dignement représentés, me paraît avoir tenu surtout à deux causes : d'abord à l'absence d'idées arrêtées sur le caractère qui convenait à cet enseignement, considéré en lui-même; ensuite, et par une conséquence nécessaire, à la méthode, au mode d'exposition adoptés. Si je ne me trompe, la Géographie, dans ce cours, a été envisagée tour à tour sous un point de vue trop spécial ou trop général, trop restreint ou trop étendu; elle a été successivement technique ou historique, et d'une manière toujours plus ou moins exclusive. De là, une sécheresse inévitable, d'une part, et, avec beaucoup d'érudition, un défaut presque total de vie et d'intérêt; d'autre part, et avec la plus louable, la plus persévérante intention d'échapper à cet inconvénient bien senti, un défaut de précision et d'enchaînement scientifiques, d'instruction systématique réelle. Aussi ne trouvé-je, à

vrai dire, en abordant cette chaire, malgré la ca-
pacité et le zèle déployés pendant vingt-cinq ans
par mes honorables prédécesseurs, ni tradition ni
exemples pour me guider dans la carrière. De tradition, il n'en est point là où l'enseignement n'a pas
laissé de traces visibles, de disciples ni de livres;
d'exemples, je n'ai que celui du dévouement : le
mien sera-t-il heureux ?

En effet, Messieurs, si cette position a ses avan-
tages, elle a aussi ses dangers non moins certains.
Une grande responsabilité pèse sur celui qui doit
soutenir à sa hauteur un cours fondé par des succès, et dont le souvenir vit dans les esprits, comme
un terme de comparaison toujours présent; une
plus grave attend celui qui a pour mission de
rendre vie et couleur à un enseignement, de le re-
lever, de lui donner un caractère ou une importance
qui lui manquaient. Pour le premier, réussir est
un bonheur, et nul n'est tenu d'être heureux ; il est
des cas où l'on peut déchoir avec honneur. Pour
le second, c'est un devoir, un devoir rigoureux, de
ne pas laisser prescrire les droits de la science qu'il
représente, et qu'il est appelé à remettre en valeur. Nouvelle raison, en commençant ce cours,
d'en bien déterminer l'objet, d'en rechercher soi-
gneusement la méthode, d'en tracer le plan d'une
manière raisonnée. C'est ce que je vais essayer devant
vous, Messieurs, dans une suite de considérations

et d'aperçus préliminaires, qui serviront de direc-
tion au cours en général, et de programme détaillé
aux leçons de cette année en particulier.

Qu'est-ce que la Géographie? quelle en est l'idée
fondamentale, le caractère propre? sous quels
points de vue divers se présente-t-elle à qui veut
l'étudier dans toute son étendue? comment doit-elle
être envisagée et enseignée dans cette Faculté, c'est-
à-dire dans ses rapports avec l'histoire, la littérature et la philosophie, qui forment la triple divi-
sion de nos études? Telles sont, Messieurs, les
questions que j'ai à résoudre d'abord, et sur lesquelles j'appelle toute votre attention.

Loin de moi la pensée de considérer la Géographie comme une étude accidentelle et subsidiaire,
de faire d'elle un simple auxiliaire, une sorte de
commentaire perpétuel de l'histoire. La Géographie
est une science à part, qui a son idée, sa sphère,
son but à elle, et qui depuis longtemps a conquis
son indépendance et marqué sa place dans le système général des connaissances humaines. Mais il
faut convenir aussi que c'est une science singulièrement mixte et complexe, dont les limites ne peuvent être que difficilement assignées, parce qu'elle
tend sans cesse à se confondre avec d'autres sciences,
par les notions qu'elle leur emprunte ou par les lu-
mières qu'elle leur prête. Sans entrer dans le détail
de ses nombreuses affinités, il est évident qu'ayant

pour objet, comme son nom l'indique, la *descrip-*
tion de la terre, ou, en d'autres termes, la *connais-*
sance de la surface de la terre, et la terre étant le
théâtre des productions de la nature et des œuvres
de l'activité humaine, la Géographie est le double
cadre des sciences naturelles et des sciences historiques, qu'elle a des points de contact multipliés
avec les unes et avec les autres. De plus, la terre,
prise dans son ensemble et comme une des pièces
de la grande machine du monde, attestant par sa
constitution intime les révolutions qu'elle a subies,
étant soumise à l'action des causes physiques qui
la pénètrent ou l'environnent, aux lois générales de
l'Univers, aux conditions spéciales du système dont
elle fait partie, les rapports de la Géographie avec
la Géologie, avec la Physique, avec l'Astronomie,
ne sont pas moins manifestes. Enfin, la figure de
la terre, ses dimensions, ses mouvemens et leurs
conséquences, la position absolue ou relative de ses
différens points, la distance des lieux, leur super-
ficie, ne pouvant être exactement appréciés et
mesurés qu'à l'aide du calcul, la Géographie est
tributaire de la Géométrie, des sciences mathématiques, aussi bien que des sciences physiques et
naturelles. Mais elle n'en reste pas moins distincte
des unes comme des autres. Même dans son rapport à l'espace et à la nature extérieure, ce qui
domine en elle, ce qui la sépare profondément de

tout ce qui n'est pas elle, c'est l'élément que nous nommerons *historique*, en donnant à ce mot son sens le plus étendu. En effet, le calcul, l'observation même, ne sont pour la Géographie que des instrumens ; ils ne la constituent pas dans son essence. Elle n'est ni la Cosmographie, dont l'objet est plus vaste et plus exact à la fois ; ni la géologie, la physique du globe ou l'histoire naturelle, sciences d'expérience et de théorie, dont elle se borne à recueillir les grands résultats, sans se confondre avec elles. Que fait donc la Géographie, même sous son point de vue purement matériel, la géographie qu'on appelle *physique* et qui est la base de cette science? Elle décrit, Messieurs, et elle raconte : quoi? les grands traits de la nature et ses œuvres sur la face de la terre ; les accidens variés de cette terre, les caractères généraux de ses productions, les causes et les influences physiques qui agissent sur elle et sur les êtres qui la couvrent ; les phénomènes et les événemens naturels dont elle est le théâtre ; les effets des catastrophes qui ont laissé dans son sein leurs frappans témoignages et qui ont imprimé aux continens et aux mers, aux îles et aux côtes, aux montagnes et aux vallées, leur physionomie actuelle.

Voilà le domaine de la géographie physique, fondement de la *Chorographie* et de la *Topographie*, c'est-à dire de la description des contrées et des lieux ; base naturelle et nécessaire de toute bonne géographie politique. Que sera-ce si, après avoir envisagé la Géographie sous son aspect physique, dans ses rapports avec la nature et avec l'espace, nous la considérons sous son aspect moral et social, sous son point de vue historique proprement dit, et dans ses rapports avec l'homme, avec le temps? Là, plus encore peut-être, il y a danger pour elle de franchir ses limites, de se mêler avec des connaissances voisines et pourtant distinctes, et de se laisser absorber dans ce qui n'est pas elle. Mais là aussi, elle sait revendiquer son indépendance, s'allier sans se confondre, et tenir sa route propre. Deux sciences surtout sont nées de la Géographie, avec lesquelles elle a maintenu des liaisons nombreuses, indispensables, mais qui, dans leur double regard à l'histoire naturelle ou civile et à la politique, ont pris un développement tout spécial, et ont fini par se constituer chacune à part. Je veux parler de l'*Ethnographie* ou *Ethnologie*, dans laquelle je comprends l'*Anthropologie* historique, et de la *Statistique*, science ou plutôt description des États, moins connue sous le nom mieux fait de *Politiographie*. L'Ethnographie décrit l'espèce humaine, ses variétés, ses races, les peuples et les nations qui la composent, dans leurs caractères généraux et distinctifs, physiques, intellectuels et sociaux ; dans leurs rapports avec le climat et le sol ; dans leur manière de vivre, leurs langues, leurs religions, leurs dispositions, leurs mœurs et leurs opinions fondamentales. Quant à la Statistique, elle expose avec détail, à l'aide de renseignemens, de calculs et de tableaux de toute sorte, l'état matériel et moral, social et politique d'un pays, à une époque donnée, dans toutes ses relations, soit intérieures, soit extérieures. Elle évalue son territoire, sa population, ses produits, ses ressources quelconques; fait connaître son gouvernement, ses institutions civiles et religieuses, son administration, le degré de culture industrielle ou intellectuelle où il est parvenu ; enfin elle détermine l'étendue et la nature de son commerce, ses rapports avec les autres pays, son influence politique, le rang qu'il occupe dans le système d'États auquel il appartient. Ce sont là autant d'objets que la géographie appelée *politique* rencontre sur sa route, que déjà la géographie physique avait touchés en passant, et qu'aucune géographie complète ne doit traverser sans les avoir reconnus. Mais que fait notre science, Messieurs, encore un coup, et comment s'empare-t-elle de ce qui la concerne réellement dans cette multitude de notions, de faits, de résultats que lui présentent l'Ethnographie et la Statistique, escortées de l'histoire générale, de l'archéologie, et, à quelques égards, de l'économie politique? En rapportant à son objet propre et à leur point de départ, à leur centre commun, la terre, ces traits et ces développemens si divers de l'espèce humaine, ces innombrables manifestations du principe d'activité qui est en elle. Tandis qu'elle décrit et raconte les aspects de la nature et ses œuvres à la surface de la terre, la Géographie ne saurait faire abstraction ni de l'homme, ce fils privilégié de la nature, ni des œuvres de l'activité humaine, rivale de son action, mais rivale inquiète et mobile, qui va tour à tour couvrant la terre de cultures et de déserts, de cités et de ruines, des chefs-d'œuvre de la civilisation et des trophées de la barbarie, et qui, sans cesse, varie les noms, les circonscriptions et la forme de ses établissemens éphémères. Aussi, avec le théâtre accidenté et pittoresque, mais immobile et invariable, et sujet tout au plus à de lentes transformations, accepte-t-elle les changeantes décorations qui s'y succèdent, et cette mobilité perpétuelle de la scène où se joue le drame de l'histoire. Car c'est en vain, Messieurs, que l'on a voulu bannir de la Géographie les divisions et la nomenclature fondées sur les limites politiques des États, et leur substituer partout la nomenclature et les divisions naturelles. Autant vaudrait bannir l'homme lui-même de la scène de la nature, et sacrifier l'histoire à la physique. La nature et l'homme sont deux élémens ou plutôt deux principes, qui agissent sur la terre et qui la modifient de concert, quoique dans des proportions différentes. Laissons donc la géographie politique se concilier avec la géographie physique par d'ingénieuses méthodes ; qu'elles se touchent et se pénètrent sans se confondre ; qu'elles s'allient l'une avec l'autre dans une juste mesure. Déjà Strabon nous trace la règle à suivre, et prévoyant en quelque sorte la Statistique, créée depuis moins d'un siècle, nous met en garde contre l'abus qu'on pourrait en faire et qu'on en a fait plus d'une fois dans la Géographie. « Le Géographe (dit-il dans son livre IVe) doit marquer les circonscriptions physiques des pays, et les divisions naturelles des peuples ; il doit indiquer, en les décrivant, tout ce qui peut être digne de mémoire: quant à ces distributions politiques que les chefs des nations établissent, selon les circonstances, il suffit qu'il en parle sommairement, laissant à d'autres l'exactitude des détails [1]. »

C'est dans cette harmonie de l'élément naturel ou physique et de l'élément politique ou moral se combinant et se modifiant l'un l'autre, réagissant l'un sur l'autre, que résident l'idée la plus haute et le véritable but de la science géographique, comme elle doit son caractère distinctif et sa forme

---

[1] Ὅσα μὲν οὖν φυσικῶς διώρισται δεῖ λέγειν τὸν Γεωγράφον καὶ ὅσα ἐθνικῶς, καὶ ὅ τι ἂν ᾖ καὶ μνήμης ἄξιον· ὅσα δ' οἱ ἡγεμόνες πρὸς τοὺς καιροὺς πολιτευόμενοι διατάττουσι ποικίλως, ἀρκεῖ κἂν ἐν κεφαλαίῳ τις εἴπῃ, τοῦ δ' ἀκριβοῦς ἄλλοις παραχωρητέον. (**Pag.** 177, **Casaub.**)

propre à l'élément historique ou descriptif qui la constitue. Si donc nous voulions définir la Géographie d'une manière abstraite, soit en elle-même, soit dans ses rapports fondamentaux, dans ses différens points de vue, tels que nous venons de les parcourir, nous dirions que c'est une science historique, par-dessus tout, mais avec un objet matériel, conçu dans l'espace et le temps à la fois, et dans ses transformations successives par l'œuvre de la nature et par celle de l'homme. C'est dire, en d'autres termes, je le sais bien, que la Géographie est la description de la terre, mais après avoir fait sentir toute la portée de cette définition étymologique. C'est dire, de plus, qu'envisagée dans la succession du temps et relativement au passé, la Géographie tout entière relève de l'histoire, et c'est sur quoi il nous reste à nous expliquer.

La terre, Messieurs, s'étant développée et organisée dans le temps, se modifiant incessamment, quoique avec lenteur, dans ses contours et dans les accidens de sa surface, par la seule puissance des agens physiques, il s'ensuit que les faits géographiques, même isolés de l'action de l'homme, peuvent être considérés comme des faits historiques; l'histoire, aussi bien que l'observation, concourt à les constater, et elle les raconte. C'est la partie proprement historique de l'histoire naturelle de la terre. Qu'est-ce donc, quand l'homme intervient, avec cette perpétuelle activité dont nous parlions, transformant dans le cours des siècles la face de cette terre, qui lui fut donnée en partage, y laissant partout les traces de son rapide passage, marquant les limites plus ou moins fugitives des empires, élevant les villes ou les détruisant, changeant sans cesse et l'aspect et les dénominations des pays et des lieux ? C'est bien ici que la Géographie, non-seulement par la forme, mais par le fond, tombe sous la loi de l'histoire, et en suit toutes les vicissitudes. Elle peut donc se diviser, comme elle, selon les grandes phases de la société et de la civilisation humaines, et c'est avec raison que, dans le point de vue purement historique, on distingue une géographie *ancienne*, une géographie *du moyen âge*, une géographie *moderne*, laquelle, encore, est sujette à toute la mobilité des événemens et des circonstances politiques ou autres.

Il y a plus : en tombant sous la loi de l'histoire, en remontant dans le passé, de siècle en siècle et de peuple en peuple, la Géographie, qui, même dans sa partie moderne, actuelle, ne saurait se dispenser de la connaissance approfondie des sources et de la confrontation des témoignages, forme une alliance de plus en plus étroite avec l'érudition et la critique historiques. Pour éclairer l'histoire de la terre par celle des hommes, aux époques reculées,

et pour décrire, avec le sol, les monumens d'indus-
trie ou d'art qu'ils y ont laissés, elle appelle à son
secours la Science des Antiquités, cette sorte de
statistique du monde ancien, et l'Archéologie ou
l'histoire de l'art, qui en est une branche si impor-
tante. C'est cette réunion de connaissances et de
conditions, nécessaires à la complète intelligence
de la géographie que nous appellerons par excel-
lence *historique*, c'est surtout ce besoin qu'elle a
de la critique, son indispensable instrument, qui
faisait dire à un grand philologue, en parlant de la
Géographie ancienne, ce qu'on pourrait tout aussi
bien appliquer à celle du moyen âge et souvent
même à celle des temps modernes : « Ce n'est pas
seulement, comme la Chronologie, un auxiliaire
de l'histoire, n'ayant d'importance que par elle;
c'est une partie intégrante de l'histoire elle-même,
et l'une des plus difficiles à traiter d'une manière
savante, soit à cause de la nature des sources où
elle puise, soit à raison de l'art avec lequel on doit
les employer [1]. »

Vous le voyez, Messieurs, c'est à bon droit et
pour de graves raisons, que l'enseignement de la

---

[1] F. A. Wolf, dans sa belle introduction au *Musée de la Science
de l'Antiquité*, t. Ier, p. 5o. Il est curieux de voir, dans la suite de ce
passage, avec quelle verve de dédain le philologue s'exprime sur
le compte de la Géographie moderne, telle qu'on l'entend et la
traite vulgairement ; de cette Géographie qui change d'aspect pres-

Géographie a été placé dans cette Faculté par ses fondateurs. Elle a besoin de la critique, non pas cette philosophie, mais cette méthode de l'histoire; l'histoire, qui lui donne sa forme, lui fournit aussi une grande partie de ses matériaux; la littérature et la philologie y contribuent de toutes leurs ressources; enfin, elle reçoit son plus haut prix, soit de ses rapports à la science de l'homme naturel et social, soit de la découverte de ces liens mystérieux qui unissent par tant de points à sa demeure d'un jour, cet enfant céleste de la terre. Qui pourrait achever d'éclairer la Géographie sur ces grandes questions, qui touchent non-seulement à l'anthropologie et à la politique, mais à la psychologie et à la morale, si ce n'est la philosophie? Elle aussi, d'ailleurs, a sa philosophie, l'une des bases les plus sûres de la philosophie de l'histoire, mais qui est, comme celle-ci, une science encore à faire. Ce sera, autant qu'on peut la prévoir, le résultat définitif de l'étude des rapports de la terre avec l'homme, et de l'homme avec la terre, l'expression générale de ces rapports, la connaissance des lois et des causes qui les déterminent et qui les régissent. Aux Hum-

---

que tous les mois, dit-il, et dont les éditions successives ont juste, au bout d'un certain temps, la valeur des vieux calendriers. La Géographie ancienne, ajoute-t-il, est du moins à l'abri de cet inconvénient, sa matière, également variable en soi, s'étant depuis long-temps fixée.

boldt seuls et aux Ritter, il est donné de porter dans
ces profondeurs de la science un regard anticipé.

Maintenant, sans nous arrêter à faire voir que,
ce que la Géographie emprunte aux diverses sciences professées dans cette Faculté, elle est en fonds
pour le leur rendre, qu'elle a son côté pittoresque
et poétique, son importance littéraire, aussi bien
que son importance historique et philosophique,
comment nous orienter dans une sphère si vaste,
dans une étude si complexe et si variée, qui tient
à tout, à la nature et à l'homme, au passé comme
au présent, aux sciences de calcul et d'observation comme à la critique et à l'histoire ? Quelle
marche suivre et par où commencer ? C'est une
question de méthode.

Concevant la Géographie comme une science historique *sui generis*, et la séparant de ses théories
mathématiques et physiques, dont les applications
seules lui appartiennent ; la dégageant, d'un autre
côté, des détails de l'Ethnographie et de la Statistique, qui ne sont pas davantage de son ressort,
je pourrais l'aborder en elle-même, dès aujour-
d'hui, et entreprendre avec vous, Messieurs, sur
les pas de Ritter, une *étude de la terre, dans ses
rapports avec la nature et avec l'histoire de l'homme*[1].

---

[1] C'est le titre et en même temps l'idée de la *Géographie générale
comparée*, l'un des plus vastes et des plus magnifiques monumens
élevés, de nos jours, à la science. Le premier tome, contenant

Mais cette étude, pour être faite sérieusement et solidement dans un cours, a ses conditions préalables, qu'il me paraît impossible d'éluder. Nous l'avons vu : non-seulement par son élément formel, mais, plus ou moins, par ses élémens fondamentaux, et surtout par ses matériaux, par son rapport au temps et aux monumens du passé, la Géographie tombe sous la loi de l'histoire : or, la loi de l'histoire, c'est celle de la civilisation, de l'esprit humain, c'est le progrès. Sans le progrès, et la destinée de l'homme sur la terre, et l'histoire même de cette terre, seraient une énigme sans mot, un spectacle sans intérêt, disons mieux, une dérision. Le progrès, c'est la Providence ; le nier, c'est la nier ou la calomnier. Aussi, l'extension de l'homme sur la surface du globe qu'il parcourt et qu'il mesure, la connaissance qu'il en acquiert, les idées qu'il s'en forme, tout suit la loi du progrès. Considéré comme moyen ou comme but, sous le point de vue des voyages et des découvertes, ou sous celui de la spéculation et de la science, la Géographie est éminemment *progressive*. Il y a, depuis la haute

l'*Afrique*, a paru en allemand, à Berlin, en 1822 ; les quatre tomes suivans, 1832-1835, comprennent la plus grande partie de l'*Asie* (la première partie seulement du quatrième tome vient de paraître), que deux tomes nouveaux, annoncés par l'auteur, doivent terminer. Une traduction française de ce grand ouvrage, par MM. Buret et Desor, se publie en ce moment, avec un succès mérité, chez le libraire Paulin, à Paris.

antiquité jusqu'à nos jours, comme une succession
de géographies innombrables, d'abord locales,
puis se généralisant toujours davantage, positives
ou théoriques, différentes les unes des autres, mais
de plus en plus vraies, exactes et complètes. D'un
autre côté, si la loi de l'histoire, et de la Géographie avec elle, est le progrès, leur méthode commune, nous l'avons dit, c'est la critique. Il est
indispensable, pour étudier la Géographie avec
quelque profondeur, à toutes les époques, d'en
connaître les sources, d'apprécier le caractère et
la valeur des relations et des documens sur lesquels
se fonde l'autorité des faits géographiques, d'avoir
des notions justes, et de cet enchaînement de découvertes qui préparent la science, et de cette série
non interrompue d'intuitions, d'hypothèses et de
systèmes qui l'ont peu à peu conduite à sa maturité.
En un mot, pour acquérir cette connaissance solide
et complète de la géographie positive, qu'on appelle
Géographie comparée, aussi bien que pour se faire
une idée de la formation de la géographie théori-
que, sur laquelle la géographie positive s'appuie,
de siècle en siècle, il est nécessaire de les considérer
avant tout, l'une et l'autre, dans leurs états et dans
leurs développemens successifs.

Voilà, Messieurs, les motifs qui, après de mûres
réflexions, m'ont décidé pour le plan déjà suivi par
Malte-Brun, pratiqué et recommandé par la plu-

part des auteurs allemands; plan qui consiste à
commencer l'étude de la *Géographie générale,* telle
que j'ai essayé d'en déterminer l'objet et les rapports divers, par une vue d'ensemble qui fasse sai-
sir d'un même coup d'œil la marche des découvertes et celle des idées, et qui, chemin faisant,
initie les auditeurs à la connaissance critique des
sources de la science. Voilà ce qui, je l'espère, jus-
tifiera le programme de mon premier cours : « Exposer le développement et le progrès des connaissances géographiques dans l'antiquité, et traiter
spécialement des sources de la Géographie ancienne. » Car, c'est par l'antiquité qu'il faut nécessairement aborder cette *Introduction historique et
littéraire* à la Géographie.

C'est surtout l'étude de la Géographie ancienne,
qui a besoin d'être préparée et guidée par une vue
générale de la marche des connaissances, et de la
nature des sources où on doit les puiser. Sans cela
comment éviter la confusion des temps et des lieux,
comment rapporter à chaque époque distincte, à
chaque peuple, les noms, les faits qui leur appartiennent, et, ce qui est plus important, les conceptions systématiques qui ont tant influé sur les idées
que les anciens se formaient de la figure et de la
position des pays, des propriétés du climat et du
sol, du genre de vie et des mœurs des nations?
Aussi, jusqu'au milieu du dernier siècle, jusqu'aux

principes féconds posés par notre grand critique
Fréret, développés par Voss en Allemagne, trop
négligés par d'Anville lui-même, mis en pratique
d'une manière plus ou moins complète par Gossellin, par Mannert, par Ukert, et avec tant de bonheur, quoique dans de trop rares essais, par
M. Letronne, y avait-il une déplorable absence
d'idées et de méthode vraiment scientifiques dans
les travaux sur la Géographie ancienne. Je ne sais
même si, en exposant cette géographie du passé,
en soi et dans toute l'étendue de ses rapports, l'on
ne pourrait point, l'on ne devrait point la présenter
selon la marche de l'histoire et le mouvement général de la civilisation, qui concourent avec le développement des connaissances humaines en tout
genre. Cela formerait comme une suite de tableaux
géographiques, s'enchaînant les uns aux autres, et
rayonnant dans tous les sens, comme l'histoire elle-
même, et comme la science, dont les progrès sont
liés aux révolutions des peuples. Peut-être serait-
ce le seul moyen de comprendre à la fois dans l'ensemble et dans les détails, la double évolution du
monde des anciens, et de leurs connaissances positives ou systématiques sur ce monde. Ce serait, en
même temps et sous un même coup d'œil, l'*Histoire de la Géographie* et la *Géographie comparative*
de l'antiquité.

S'il ne nous est pas permis, Messieurs, dans

notre revue, nécessairement très rapide, des découvertes et des idées géographiques chez les anciens, d'approfondir un aussi vaste plan, un sujet
si difficile, au moins tâcherons-nous d'en tracer
les contours, d'en marquer les traits principaux.
Pour cela, nous présenterons, dans une série de
leçons d'exposition et dans une succession de développemens distincts, toute la marche des connaissances avec les causes qui ont amené ces phases
progressives de la Géographie ancienne; et nous
ferons parallèlement, dans des leçons subsidiaires,
l'histoire littéraire de cette géographie; nous en
décrirons les sources diverses, nous en appré-
cierons les monumens et les écrivains. Toutes les
fois qu'il paraîtra nécessaire, nous rattacherons, à
nos tableaux historiques et géographiques, des con-
férences, ou, la carte à la main, nous tâcherons de
rapprocher les connaissances de l'époque ou de
l'écrivain en question, soit des notions définitives
de l'antiquité, dans la période classique de la science,
entre le temps de Strabon et celui de Ptolémée, soit
des faits et des nomenclatures modernes. De la
sorte, et en faisant ainsi, par anticipation, de la
géographie comparée, nous donnerons un caractère plus positif, un double intérêt à ces leçons,
et nous en retirerons, j'espère, un double fruit.

Il me reste, Messieurs, à vous indiquer, telles
que je les comprends, les divisions de notre sujet;

à tracer, en peu de mots, ce cadre détaillé de mon premier cours, que je vous ai promis.

Il faut, avant tout, distinguer la géographie imaginaire et fabuleuse de la géographie historique et vraie. L'une et l'autre se confondent, à l'origine de la civilisation et des connaissances, dans la mythologie de tous les peuples. Deux élémens coexistent dans toute géographie primitive : l'un spécial et local, l'autre général et universel ; l'un d'observation et de fait, l'autre d'imagination et de pure hypothèse ; l'un vrai, l'autre ordinairement faux. Par-là s'expliquent ces systèmes, à la fois si divers et si uniformes, de géographie mythique, que l'on rencontre, à l'aurore de l'histoire, chez les principales nations de l'antiquité. Nous jetterons d'abord un regard sur ces systèmes fabuleux et poétiques ; nous les comparerons entre eux, dans l'Inde et dans la Perse, en Égypte peut-être, chez les Hébreux, les Hellènes primitifs, et jusque chez les peuples Scandinaves. Nous en ferons ressortir les analogies et les différences, le côté symbolique et fantastique, qui prélude à la spéculation, le côté local et réel, qui est le commencement de l'observation. Puis, remarquant que les peuples de l'antiquité se partagent en nations stationnaires, immobiles, qui s'arrêtent aux premiers pas de la science, enivrées qu'elles sont de religion et de poésie, et en nations mobiles, actives, chez qui la science se

développe au sein même de la mythologie poétique, pour s'en dégager toujours davantage, et
marcher, avec la civilisation, de progrès en progrès, nous laisserons là les Hindous, les Hébreux
et les Scandinaves, dont le jour n'était pas venu, et
nous irons avec les Phéniciens, avec les Perses,
avec les Grecs, les Carthaginois et les Romains, à
la découverte et à la conquête du monde ancien.
Mais aux Grecs seuls il fut donné, après eux et par
eux aux Romains, leurs vainqueurs et leurs disciples, de recueillir l'héritage des peuples qui les
avaient précédés dans la carrière, d'y poursuivre
leur marche sans interruption, sous l'égide de la
liberté, et de perpétuer la tradition des connaissances géographiques, en y ajoutant sans cesse. Les
Grecs, cette nation prédestinée, qui fit prévaloir
la civilisation sur la barbarie, qui parcourut dans
l'antiquité l'échelle entière de l'esprit humain, qui
créa les arts et les sciences; les Grecs eurent la
gloire de fonder la géographie positive sur la
double base de l'observation et du calcul. Aussi,
les travaux et les idées des Grecs, l'extension progressive de leur expérience et de leurs spéculations,
sont-ils le fil conducteur de l'histoire de la Géographie, donneront-ils à nos recherches leur enchaînement et leur unité. Nous y rattacherons donc
successivement les découvertes partielles des autres
peuples, qui, d'ailleurs, ne nous sont guère connues

que par la source des Grecs. Quant aux Romains, ce sont eux dont l'activité guerrière et politique, en ouvrant un nouvel horizon au génie grec, lui fournit ses derniers matériaux pour élever l'édifice de la géographie des anciens, pour dresser la carte de ce monde imparfait qui fut le leur, pour en poser les vaines et fragiles limites.

De ce point de vue, Messieurs, tout notre sujet, toute l'histoire de la Géographie dans l'antiquité, se développe en quatre grandes périodes, dont les époques sont mobiles et diffèrent, selon qu'on les considère au regard des événemens et des découvertes, ou à celui de la science. Il est naturel que les progrès de la science, les ères marquées par ces progrès, soient tour à tour la conséquence et le principe des entreprises qui déplacent successivement l'horizon géographique. Nous distinguerons donc les époques historiques des époques scientifiques qui leur succèdent, en général, les développemens de l'expérience de ceux de la théorie.

La première période qu'on peut appeler, d'après son caractère dominant, *mythique* ou *poétique*, et qui est commune, par ses commencemens, aux Grecs et à la plupart des autres peuples, s'ouvre à l'époque indéterminée des premières courses, des premières aventures et colonies de ces peuples. Si on la prend aux époques plus ou moins détermi-

nées des premiers monumens, c'est-à-dire, des
premiers poëmes connus, elle offre, dès l'abord,
et conformément aux lois invariables de l'esprit
humain, un ou plusieurs systèmes de notions anté-
rieurement acquises, groupées en des tableaux où
l'expérience et l'imagination entrent chacune pour
leur part, où celle-ci se charge ordinairement seule
de mettre la liaison et l'unité. Nous donnerons une
attention particulière à la Géographie des Hébreux,
et à cette généalogie apparente, décorée du grand
nom de Moïse, qui présente la première carte
ethnographique de l'Asie occidentale et des pays
voisins. La Géographie d'Homère et des autres
chantres helléniques nous occupera ensuite. Nous
admirerons le long empire de ces séduisans tableaux, de ces opinions populaires et de ces intuitions ou théories poétiques, fondues avec les résultats plus ou moins positifs des observations des
premiers navigateurs et voyageurs, phéniciens et
ioniens. Ces chroniqueurs en vers qu'on appelle
poëtes cycliques, et ces premiers conteurs en
prose qui leur succèdent, les logographes, enregis-
trent les nouvelles découvertes ou informations
géographiques, mais en les associant aux idées
traditionnelles, ce qui retarde le progrès des connaissances. Pourtant, vers la fin de cette période,
dans le cours des VIIe et VIe siècles avant notre ère,
grâce à la marche rapide des colonies grecques, aux

perfectionnemens successifs de la navigation, aux expéditions hardies des Samiens et des Phocéens, aux relations ouvertes avec l'Égypte et la Libye d'une part, avec les côtes du Pont-Euxin de l'autre, l'horizon s'agrandit peu à peu et finit par embrasser presque tous les pays qui s'étendent en longueur depuis l'embouchure du Phase jusqu'au détroit de Gadès. Cependant les Phéniciens, si l'on en croit une tradition célèbre, entreprennent et exécutent, pour le compte d'un Pharaon d'Égypte, la circumnavigation de l'Afrique, en revenant par ces formidables colonnes d'Hercule, qu'ils avaient posées pour d'autres que pour eux. Un siècle après, les Carthaginois, leurs fils, tentent par le même détroit un voyage de découvertes sur les côtes de Libye, moins heureux peut-être, mais dont la précieuse relation nous a été conservée ; et ils explorent, dans l'océan du nord, les lointains rivages d'Albion et d'Ierné. Vers ces mêmes temps, les Grecs, demeurés à peu près étrangers aux résultats quelconques de ces découvertes, entrent en rapport avec la Lydie et la Perse ; ils prennent part aux explorations ordonnées ou conduites par Darius, pour reconnaître les bornes de ses vastes États ; ils pressentent pour la première fois l'immensité de ce continent asiatique d'où ils étaient venus. Tandis que le précurseur d'Hérodote, l'illustre voyageur Hécatée de Milet, décrivait le

disque de la terre, après l'avoir parcouru en partie dans ses trois grandes îles (comme il les appe-
lait), les philosophes de l'Ionie et de la Grande-
Grèce, se rattachant d'une part aux conceptions
idéales de la géographie mythique, d'autre part aux
notions positives, successivement accumulées, tra-
vaillaient, depuis un siècle, à substituer aux systèmes poétiques des hypothèses physiques ou astro-
nomiques, mieux en accord avec les faits observés.
Anaximandre, disciple de Thalès, dressait pour
les Grecs la première mappemonde ; Pythagore et
Parménide d'Élée enseignaient, dit-on, la sphéri-
cité de la terre, idée toutefois qui ne fut généralement reçue qu'après l'époque de Socrate.

C'est peu avant cette époque, c'est au temps des
guerres médiques, et vers celui de la naissance
d'Hérodote, un peu moins de 500 ans avant l'ère
chrétienne, que commencera notre seconde période. Nous la nommerons, par opposition avec
la précédente, *historique* et *positive*. En effet, les
grands progrès de la Géographie y résultent surtout d'informations de plus en plus exactes, d'observations de plus en plus éclairées et précises.
C'est, d'ailleurs, l'époque brillante de l'histoire, du
récit en prose, qui se charge de réunir, de lier, de
systématiser à sa manière les nouvelles acquisitions
de la science. Depuis les victoires des Grecs sur les
Perses, depuis ces miracles du génie de la liberté,

desquels dépendait peut-être la civilisation du monde, le cercle des connaissances va s'élargissant et l'horizon géographique s'éclaircissant toujours davantage, à l'orient et au midi ; l'ouest et le nord, en grande partie, restent seuls enveloppés de ténèbres. Les colons et les négocians de la Grèce, établis sur toutes les côtes de la Méditerranée et du Pont-Euxin, visitant sans cesse et les mers et les terres, cheminant sur les grandes routes militaires et commerciales, ouvertes par les conquérans asiatiques dans les pays barbares, multiplient les notions topographiques et les récits, véridiques ou non, sur les contrées et sur les peuples. Des voyageurs dignes de foi, des observateurs animés de l'esprit de la science et de l'enthousiasme des découvertes, recueillent, contrôlent ces récits, y ajoutent les résultats de leurs propres recherches. Parmi eux, des hommes de génie commencent l'application de la critique à la Géographie en même temps qu'à l'histoire, et en devinent les vrais principes physiques et mathématiques. Il suffit de citer les noms d'Hérodote et de Thucydide, de Démocrite et d'Hippocrate, d'Eudoxe et d'Aristote. Hérodote et la carte de ses connaissances nous occuperont surtout. Ctésias, après lui, nous révélera l'Inde, à travers ses merveilleuses histoires. Nous suivrons Xénophon, à la tête des Dix-Mille, par ces contrées de l'Asie occidentale, dont on se faisait encore à cette époque des idées si fausses. Sur les traces des marchands de Milet et d'Athènes, sur celles des jaloux Carthaginois, maîtres d'une grande partie de la Méditerranée et de ses plus belles îles, maîtres des côtes de la mer Atlantique, Scylax, ou l'auteur quel qu'il soit du *Périple* qu'on lui attribue, nous conduira depuis les extrémités du Pont-Euxin jusqu'aux îles Fortunées, et nous nous risquerons, sur la foi des Marseillais Pythéas et Euthyménès, jusqu'aux îles Britanniques, jusqu'à la mystérieuse Thulé, jusque dans ces régions non moins mystérieuses de l'Afrique centrale, rêvées sans doute plutôt que visitées par le dernier. Jusqu'ici, en effet, les Grecs ne nous offrent que des notions incomplètes, vagues ou suspectes, souvent imaginaires, sur les contrées de l'occident, même les plus voisines d'eux. Pour Théopompe, qui, le premier, cite Rome, cette ville est près des bords de l'Océan ; à la vérité, il y place son immense et délicieuse Méropide, rivale de l'Atlantide de Platon, autre lointain et peut-être fécond pressentiment d'un nouveau monde. Et cependant, le grand mathématicien Eudoxe avait donné, dans sa Géographie en huit livres, une description physique et topographique de la Grèce qui était un modèle du genre.

Dans la période suivante, qui s'ouvre avec les conquêtes d'Alexandre, 330 ans environ avant J.-C., un double et puissant mouvement est imprimé tout

ensemble aux découvertes et aux travaux scientifiques: ou plutôt c'est ici l'époque de la création dé-
finitive des sciences d'observation et d'expérience ;
l'époque où la critique, excitée par la masse toujours croissante des faits, vient s'ajouter à la spéculation et diriger l'esprit de système. C'est la
période justement décorée, dans l'histoire de la
civilisation et de la science, du nom d'*Alexandrine*,
et qu'on peut, en Géographie, appeler *systématique*
ou *scientifique*. L'Asie persane, l'Inde, du moins
jusqu'au Gange, se découvre enfin sans voile à l'œil
des Grecs ; ils y portent leurs armes, leur langue,
leurs mœurs, ils y fondent des villes; et, dans leurs
expéditions, dans leurs explorations successives, ils
en reconnaissent les côtes méridionales, ils parvien-
nent, sous les Séleucides et sous les Ptolémées, jusqu'à Palibothra, jusqu'à la grande île de Taprobane.
Au nord, ils côtoient la mer Caspienne, franchis-
sent l'Oxus et l'Iaxartes, et s'établissent dans la
Bactriane et la Sogdiane. Le commerce d'Alexandrie devient le commerce du monde. L'Arabie et
l'Éthiopie, l'Afrique comme l'Asie, le midi comme
l'orient et le nord, s'ouvrent à l'avidité, à la cu-
riosité grecques. Cependant les Romains, auxquels
la Providence avait réservé l'occident, se montrent
sur la scène de l'histoire. Nous opposerons le ta-
bleau de leurs guerres, de leurs conquêtes et de
leurs puissantes colonies militaires à celui des

courses aventureuses et des établissemens lointains des Grecs. Nous aurons, parallèlement, passé en revue les nombreux historiens d'Alexandre, et parcouru les relations des voyageurs et des navigateurs, non moins nombreux, qui se succèdent sous les rois de Syrie et d'Égypte. Nous aurons fait justice des exagérations et de l'esprit romanesque de beaucoup d'entre eux. Alors nous viendrons aux géographes, aux savans, aux philosophes. Après avoir parlé de Dicéarque, qui réforma la carte du monde, agrandi par les campagnes d'Alexandre, qui, dans un livre célèbre, décrivit de nouveau la Grèce, et mesura les montagnes du Péloponèse; de Théophraste et de Timée, qui donnèrent aux Grecs des notions plus justes sur l'Italie et les Romains, nous étudierons, à l'aide de Strabon, son disciple, Ératosthène, le premier fondateur de la géographie scientifique dans l'antiquité. Doué d'une haute critique, possédant une vaste érudition, et disposant des trésors de la bibliothèque d'Alexandrie, Ératosthène réduisit en système les connaissances géographiques de son temps et celles des temps antérieurs. Ses principes mathématiques, ses mesures, le tracé de ses cartes furent généralement adoptés après lui, quoique rectifiés en partie par ses successeurs, surtout par Hipparque de Nicée, qui apprit à déterminer la position des lieux sur la terre, au moyen des observations célestes. Polybe, à la fois grand historien et grand géographe, pour mieux raconter l'expédition d'Annibal, visita le théâtre de ses guerres avec les Romains, passa les Alpes, les Pyrénées, et fit connaître à ses compatriotes hellènes des contrées dont ils n'avaient encore qu'une idée imparfaite. Nous avons heureusement des parties considérables de son ouvrage, tandis que ceux d'Artémidore, de Posidonius, d'Apollodore et de bien d'autres, ne nous sont connus que par des extraits et de rares fragmens. Scymnus de Chios, le Périple du Pont-Euxin et du lac Méotis, et un peu plus tard, Denys le Périégète, ne sont pas des compensations suffisantes.

La quatrième et dernière période peut s'appeler *Romaine*, si on la considère sous le point de vue historique; et prendra le nom de *géométrique* ou *mathématique*, si l'on y envisage le progrès des méthodes et le caractère dominant de la science. Elle commence avec César et Auguste, avec Strabon, qui, vers l'époque de la naissance du Christ, résuma dans son vaste système chorographique (dans les XVII livres de sa Géographie, qui nous tiennent lieu de presque tout le reste), les travaux multipliés de la période précédente. Elle finit, au Ve siècle, avec le monde ancien, avec ce Cosmas *Indopleustes*, qui ouvre le moyen âge de la Géographie, et qui, pour la soumettre à l'empire des croyances nouvelles, la fait rétrograder, tout agrandie qu'elle est, jus-

qu'aux conceptions mythiques de la haute antiquité.
Le point culminant de cette période est marqué
par le nom du grand astronome, Claude Ptolémée,
qui, après Marin de Tyr, et au milieu du second
siècle, fondant les déterminations géographiques
sur des mesures réelles, indiquant avec plus d'exactitude la position et les limites des pays, fixant
avec soin la longitude et la latitude des lieux, posa
ainsi, quelles que soient ses erreurs, les vraies
bases de la géographie scientifique. D'ailleurs, les
notions successivement acquises sur des contrées
auparavant peu connues ou entièrement ignorées
lui permirent de donner au monde ancien, dans
ses cartes parvenues jusqu'à nous, plus d'étendue
qu'il n'en avait eu dans toutes celles de ses devan-
ciers. Il est vrai que dès le temps de César et
d'Auguste, et sous les premiers empereurs, les
connaissances n'avaient cessé de s'étendre dans
toutes les directions, par la guerre ou par le commerce, surtout à l'ouest et au nord de l'Europe,
jusque-là environnés de ténèbres. D'abord les Romains s'étaient montrés peu soucieux de faire tour-
ner leurs découvertes au profit de la science; ils
laissaient aux Grecs ce soin frivole. Mais quand le
monde qu'ils avaient conquis eut été mesuré par
Agrippa, que les Tables de leur vaste empire, en-
richies de commentaires, furent publiquement ex-
posées, au voisinage du Forum, des géographes

nationaux, Méla, Pline, parurent, lesquels, à la vérité, ne firent bien souvent que compiler des originaux grecs. Plus utiles, à beaucoup d'égards, sont les descriptions topographiques des voyageurs, tels que Pausanias, les tableaux géographiques ou ethnographiques, les relations circonstanciées d'historiens judicieux et profonds, d'un Tacite, d'un Appien, d'un Ammien Marcellin, et ces célèbres Itinéraires des empereurs, dont il nous reste quelques-uns. Marin de Tyr et Ptolémée en tirèrent bon parti, lorsqu'ils dressèrent leurs cartes.

Voilà, Messieurs, et sans vous conduire jusqu'au premier dictionnaire géographique [1], où se décompose et périt, au terme de cette période, la science auparavant organisée et vivante, voilà le champ qui s'offre à nos leçons de cette année. Indiqué par la nature des choses, le sujet, certes, n'est dépourvu ni d'intérêt ni de grandeur en lui-même. Il s'agit pour le professeur de ne point manquer au sujet. A défaut d'études bien spéciales en géographie proprement dite, des habitudes scientifiques, des connaissances long-temps méditées en histoire et en littérature anciennes, suffiront, je l'espère, au besoin du moment. Le zèle et le travail, soutenus de votre bienveillante attention, de votre concours studieux, feront le reste. S'il m'était donné jamais,

---

[1] Les Ἐθνικά de Stéphane ou Étienne de Byzance, 472 ans aprè Jésus-Christ, dont il nous reste l'extrait intitulé : Περὶ πόλεων.

pour prix de mes efforts et des vôtres , de fonder
ici une tradition d'études sérieuses sur la Géographie historique et critique, d'imprimer à cette
chaire le caractère qu'elle attend, j'y trouverais la
plus douce récompense des longues années que
j'ai déjà consacrées, que je dois encore, s'il plaît à
Dieu, à l'enseignement et à la science.

FIN DU DISCOURS.

APERÇU BIBLIOGRAPHIQUE

*Des principaux auteurs modernes à consulter pour l'étude
de la Géographie ancienne, en général, et pour celle du
développement et du progrès des connaissances géographiques dans l'antiquité, en particulier.*

XVIe ET XVIIe SIÈCLES.

I. ORTEL ou ORTELIUS, né en 1527 à Anvers, mort en
1598 ; voyageur, antiquaire ; l'un des restaurateurs de la
Géographie (avec Munster et Mercator), auteur du premier Atlas, et, à vrai dire, du premier Dictionnaire géographique ; géographe de Philippe II, et surnommé le
Ptolémée de son siècle.

1° *Theatrum orbis terrarum,* Antverp. 1570, in-fol., fré-
quemment réimprimé, base de tous les autres travaux du
même genre.

2° *Synonymia geographica,* 1578, in-4°, devenu le *The-
saurus geographicus,* 1596, réimprimé en 1611 et 1624,
in-4°. — Notes de Luc. Holstenius, à part, 1666.

3° *Theatri orbis terrarum Parergon,* veteris Geograph.
Tabulæ, 1595, à part, puis réuni au grand ouvrage.

II. BERTIUS, né en Flandre, 1565, mort à Paris, 1629 ;
voyageur, ami de J. Lipse, professeur et bibliothécaire à
Leyde, puis émigré et converti au catholicisme ; cosmo-
graphe et historiographe de Louis XIII, professeur royal
de mathématiques.

1° *Theatrum Geographiæ veteris,* 2 vol. in-fol., 1618-19.
1er vol. Géographie de Ptolémée en grec et en latin, réim-
primée sur l'édition de Montanus ; variantes palatines,
mais fautes nombreuses. — 2e vol. Itinerarium Antonini et
Notitia provinciarum, d'après Andr. Schott ; puis la Tabula
Peutingeriana d'après Velser ; enfin choix de cartes an-

ciennes d'Ortel, avec son texte. Ainsi, compilation purement matérielle et fort négligée.

2° *Breviarium orbis terrarum*, Lipsiæ, 1662, et à la fin
de l'*Introductio* de Cluwer.

3° *Variæ tab. geograph.*, in-4".

III. CLUWER ou CLUVIER, *Cluverius*, né à Dantzick en
1580, mort en 1623 ; soldat et voyageur en Europe, avec
L. Holstenius en Italie ; parlant dix langues ; célébrité mé-
ritée principalement par ses ouvrages spéciaux ou monographies.

1° *Germaniæ antiquæ* lib. III, L. B., 1616, 2 vol. in-fol.

2° *Siciliæ antiquæ* lib. II, *Sardinia et Corsica*, 1619, fol.

3° *Italia antiqua*, 1624, 2 tom. in-fol., publiés par
D. Heinsius, annotés plus tard et à part par L. Holstenius.

4° *Introductio in universam Geographiam veter. et nov.*,
1629, in-12 ; avec notes de divers auteurs, entre autres de
la Martinière, Amstel., 1729, in-4°.

Nota. Grands travaux de HOLSTENIUS pour une édition '
non publiée, des petits Géographes grecs et latins ; notes
fort importantes sur Étienne de Byzance, publiées par Ric-
kius, en 1679 ; remarques sur la Géographie sacrée du
P. Charles de Saint-Paul, sur l'Italie de Cluvier et sur
le Trésor d'Ortel, publiées par le cardinal Barberini, 1666.

IV. BRIET, BRIETIUS, né à Abbeville en 1601, mort en
1668 ; jésuite, bibliothécaire du collége de Paris.

1° *Parallela Geograph. vet. et nov.*, Paris, 1648-49,
3 vol. in-4", avec 125 cartes ; l'Europe seule ; suite manus-
crite ? Rien de neuf, mais savant et méthodique.

2° *Theatrum Geographic. Europæ vet.*, 1653, in-fol.

Nota. Monographies importantes, indépendamment de
celles de Cluvier : Camden, Britannia ; Valois et Sanson, la
Gaule ; Paulmier de Grentemesnil, la Grèce (en partie).

V. CELLARIUS, né en 1638 à Smalcalde en Franconie, mort
professeur à Halle, en 1707 ; l'un des plus savans et des
plus laborieux philologues du XVIIe siècle, grand huma-
niste, éditeur d'une foule d'auteurs latins.

1º *Notitia orbis antiqui*, 2 vol. in-4º, Lips. 1701, 6, 31 et 73, ces dernières éditions annotées par Schwartz; abrégé par Sam. Patrick, Lond. 1764, d'où édition de luxe à Rome, 1774, in-fol.

2º *Appendix triplex Notit. orb. antiq.* (Jacquier et Boscovich), cum tab. æn. XVIII. (Cartes faites pour le moyen-âge par Cellarius.)

Compilateur plus que géographe, mais compilateur soigneux et complet. Premier grand traité sur la géographie ancienne. Fin de la première période de l'histoire des travaux modernes sur cette science, période d'érudition et de recherches, mais sans critique, sans méthode véritable, sans esprit réellement scientifique.

XVIIIᵉ SIÈCLE.

I. D'ANVILLE, né à Paris en 1697, mort en 1782; géographe du roi à 22 ans; réformateur des bases géométriques de la géographie ancienne (mesures itinéraires des anciens comparées avec celles des modernes); admirable de sagacité et de critique du détail, dans ses nombreux Mémoires chorographiques et topographiques, dans ses Cartes plus nombreuses encore (78 Mémoires, 211 Cartes et Plans); doué d'un instinct géographique supérieur, mais dépourvu d'idées générales.

Aussi, peu préoccupé de l'histoire de la géographie ancienne; nulle distinction d'époques, peu d'attention aux idées populaires ou systématiques des anciens et à leur influence; forme très négligée, ou plutôt absence de forme, surtout littéraire.

Géographie ancienne abrégée, Paris, 1768 ou 1782, 3 vol. in-12, cartes; 1769, gr. in-fol., avec 10 cartes.

Nota. Handbuch der alten Erdbeschreibung, v. Hummel, Bruns, Stroth, Heeren, etc. Nurnberg, 1781-1800, 3 tom. en 5 vol., in-8º,, avec 12 cartes. Édition allemande, corrigée et augmentée, de la Géographie anc. de d'Anville.

(39)

II. Fréret, né à Paris en 1688, mort en 1749. Non géographe de profession, mais grand critique ; versé dans la
Géographie ancienne comme dans toutes les parties de
l'antiquité. Le premier, il sentit le besoin de l'histoire critique de la Géographie et de ses sources, comme base de
toutes les recherches sur cette science.

Observations générales sur la Géographie ancienne, lues
à l'Académie des Inscriptions en 1735, restées manuscrites,
possédées et extraites par Bougainville, Sainte-Croix et
d'autres qui en ont plus ou moins profité. (Voir, pour
juger de leur importance, la Notice de Sainte-Croix dans
le tome V du *Magasin encyclopédique* de Millin.)

Du reste, plusieurs Mémoires, également importans,
dans le Recueil de l'Académie ; réunis dans les tomes 15
et 16 de la petite et incomplète collection des OEuvres de
Fréret (sur les mesures de longueur dans l'antiquité; sur
les monumens et tables itinéraires, etc.).

III. Schlözer, professeur à Göttingen, mort en 1809.
Dans la même voie que Fréret, après lui. Remarques analo-
gues dans son *Histoire générale du Nord* (*Allgem. Welt-histor.*
31er Th. 1771), sur la nécessité de commencer par restituer
les conceptions géographiques des anciens, avant de rapprocher leurs connaissances de celles des modernes ;
d'éclairer la géographie ancienne et la géographie comparée par l'histoire de la Géographie.

Nota. Cartes de *Schöning* pour le nord de la terre (*Allgem.
Welt-histor.*, même tome) ; de *Penzel*, à la tête de sa traduction de Strabon, dans le même esprit, 1775.

Cette seconde période prépare, par des travaux et des
vues de génie, manquant, il est vrai, de généralité ou
d'application, les grands principes critiques et les grands
résultats scientifiques posés et développés dans la période
suivante.

FIN DU XVIIIe ET COMMENCEMENT DU XIXe SIÈCLES.

I. J. H. Voss, conseiller à Heidelberg, mort en 1826; établit définitivement les bases de la géographie critique et historique de l'antiquité; distinction fondamentale de la succession des époques géographiques; examen et appréciation raisonnée des sources.

Suite de petits écrits, pleins de substance, depuis 1780, dans divers recueils, dans les Lettres mythologiques, dans les Commentaires sur Virgile, etc.

Weltkunde der Alten (Jen. Litt. Zeit., 1804).

Dans le tome II des *Kritische Blätter*, 1828 :

1° *Uber die Gestalt der Erde, nach den Begriffen der Alten ;*

2° *Alte Weltkunde ;*

3° *Homer's Unterwelt.*

On peut, à travers ces différens Traités, retrouver la série des vues principales de Voss, depuis Homère jusqu'à Hipparque.

II. K. Mannert, professeur à Altdorf, etc.

Geographie der Griechen und Römer aus ihren Schriften dargestellt, (1788), 1799-1825, 10 tomes in-8°, formant 14 vol.

Se place au point de vue historique et critique de Voss, mais est insuffisant sur l'histoire du développement des connaissances et des conceptions géographiques des anciens, aussi bien que sur la géographie des poëtes qu'il a entièrement omise. — Son grand mérite consiste dans une Chorographie et une Topographie détaillées, puisées aux sources, raisonnées, accompagnées des citations et des preuves nécessaires. — Très utile, même pour la Géographie moderne, dans certaines parties.

III. Gosselin, membre de l'Académie des inscriptions et belles-lettres, mort à Paris, en 1830.

Esprit critique, et systématique surtout, à un haut degré; possédé des mêmes idées que Fréret, Voss, Mannert, il en étendit singulièrement l'application, par des recherches profondes, des combinaisons multipliées, toujours ingénieuses, mais dont les principes et les résultats ne peuvent être toujours approuvés. Il sacrifia trop aux hypothèses, prêta souvent ses manières de voir aux anciens; enfin il donna une extension tout-à-fait arbitraire à l'épigraphe qu'il a choisie : *Videndum est non modo quid quisque loquatur, sed etiam quid quisque sentiat, atque etiam qua de causa quisque sentiat.*

1° *Géographie des Grecs analysée*, ou les systèmes d'Ératosthène, de Strabon et de Ptolémée comparés entre eux et avec nos connaissances modernes. — Ouvrage couronné, etc. Paris, 1790, in-4°, avec 10 cartes et 8 tableaux.

2° *Recherches sur la Géographie systématique et positive des anciens.* Paris, 1798-1813, 4 vol. in-4°, avec un grand nombre de cartes.

3° *Notes sur la traduction française de Strabon,* entreprise par son influence et sous les auspices du gouvernement.

IV. J. Rennell, mort en 1830.

The Geographical system of Herodotus examinated and explained by a comparison with those of other ancient authors. London, 1800, in-4°. Seconde édition, revisée, en 2 vol. in-8°, 1830.

Entre les travaux des Anglais, et les ouvrages plus ou moins spéciaux sur la Géographie ancienne, celui-ci mérite une place dans cette revue par l'étendue des recherches et l'importance des résultats.

V. Heeren, conseiller et professeur d'histoire à Göttingen.

Ideen über die Politik, den Verkehr und den Handel der vornehmsten Völker der alten Welt, 3e Aufl., Göttingen, 1815, 3 tomes en 6 parties, et la 1re partie du tome 4e.

Traduit en français par W. Suckau, sous le titre : *De la politique et du commerce des peuples de l'antiquité,* etc., Paris, 1830-1834, 6 vol. in-8° (l'Asie et l'Afrique).

Ce livre, classique en Allemagne, mérite ici une mention par la manière large et lumineuse dont l'auteur y a traité les questions géographiques qui se rattachaient de tout point à son sujet.

VI. Malte-Brun (Martin-Conrad Brunn), né à Thister (Jutland), en 1775, mort à Paris en 1826.

Précis de la Géographie universelle, ou *Description de toutes les parties du monde sur un plan nouveau, d'après les grandes divisions naturelles du globe*, etc., 1re édition, 1810-1826, 6 volumes réédités successivement depuis 1811; suivis d'un 7e et d'un 8e vol., rédigés par M. Huot. Nouvelle édition publiée par le même, depuis 1831.

Tome 1er, *Histoire de la Géographie.*

Ouvrage qui, malgré ses défauts et la prédilection trop exclusive de l'auteur pour les idées systématiques de M. Gossellin, n'en reste pas moins l'un des plus complets et des plus intéressans sur la matière; l'un de ceux surtout qui ont le plus contribué à populariser parmi nous le goût de la géographie savante.

VII. Ukert, professeur et bibliothécaire à Gotha.

Geographie der Griechen und Römer von den frühesten Zeiten bis auf Ptolemæus. (Géographie des Grecs et des Romains, depuis les temps les plus anciens jusqu'à Ptolémée.)

Ier Th. 1e Abtheil. Weimar, 1816 (*Gesch. der geograph. Entdeckung.*; Histoire des découvertes géographiques et des géographes).

———— 2e Abtheil. —— 1816 (*Mathematische Geographie*).

II^{en} Th. 1e Abtheil. —— 1821 (*Physische Geographie. Iberien*).

———— 2e Abtheil. —— 1832 (*Gallien*).

L'ouvrage le plus étendu et le plus critique sur l'ensemble de la Géographie ancienne, grecque et romaine; malheureusement bien peu avancé encore.

Essais plus ou moins imparfaits, ouvrages secondaires ou tout-à-fait récens, sur l'histoire de la Géographie, particulièrement de la Géographie ancienne, ou sur celle du commerce, de la navigation, etc.

Huet, *Histoire du commerce et de la navigation des anciens*, 3e édit., Paris, 1727.

Robert de Vaugondy, *Essai sur l'Histoire de la Géographie*, Paris, 1755.

J. Blair, *History of the rise and progress of Geography*, London, 1784.

Schlôzer. *Versuch einer allgem. Gesch. der Handlung und Seefahrt in den alten Zeiten*, Rostock, 1761.

Sprengel, *Geschichte der wichtigsten Geographischen Entdeckungen*, 2e édit., Halle, 1792.

Vierthaler, *Beyträge zur Geogr. und zur Gesch. derselben*, 1798.

Berghaus, *Geschichte der Schiffahrtskunde bey den vornehmsten Völkern des Alterthums*, Leipz., 1792.

Zeune, *Erdansichten oder Abriss einer Gesch. der Erdkunde* (principalement pour les temps modernes), 1815, nouv. édit., 1820.

J. Lelewell, *Recherches sur la Géographie des anciens*, Wilna 1818, ouvrage important (en polonais); divers opuscules, entre autres : *Relations commerciales des Phéniciens, des Carthaginois et des Grecs ; — Découvertes des Carthaginois et des Grecs dans l'océan Atlantique* (traduit en allemand, Berlin, 1831).

Sickler, *Handbuch der alten Geographie, etc.*, 2e édit., Cassel, 1832, 2 vol. in-8° (livre utile, qui est un résumé substantiel et bien fait des travaux les plus récens).

Cartes de d'Anville et de Barbié du Bocage.

Atlas de Lapie et de Brué.

REICHARD, *Orbis terrarum antiquus cum thesauro geographico continente indices tabularum geographicarum topographicos eosdemque criticos*, 19 feuilles grand in-folio, Nurnberg, 1824.

Réduction du même ouvrage, petit in-folio.

FIN DE L'APERÇU BIBLIOGRAPHIQUE.

9 782329 677019